SECOND

SUPPLÉMENT

A LA BROCHURE INTITULÉE:

QUELQUES OBSERVATIONS

SUR LE PROJET DE LOI RELATIF A LA POLICE DE LA PRESSE, EN CE QUI CONCERNE LE LIBRE EXERCICE DU DROIT DE PÉTITION AUX DEUX CHAMBRES;

Par M. AUGÉ DE FLEURY,

MAIRE DE PASSY (SEINE).

PARIS,

IMPRIMERIE DE FIRMIN DIDOT,

RUE JACOB, Nº 24.

1827.

SECOND SUPPLÉMENT.

EXTRAIT

D'UN MÉMOIRE

ADRESSÉ A LL. SS. LES MEMBRES DE LA COMMISSION DE LA
CHAMBRE DES PAIRS CHARGÉE DE L'EXAMEN DU PROJET
DE LOI.

Je demande s'il n'est pas nécessaire,

Premièrement,

D'ajouter aux exceptions de l'article 2 une disposition qui excepterait aussi :

Les pétitions présentées aux Chambres pendant la session, lorsque ces écrits ne seraient pas mis en vente?

Deuxièmement,

D'insérer à la suite de l'article 23 ou 24 un article additionnel qui porterait en substance :

Que la responsabilité prévue par l'article 23 ne s'étendra point à l'impression et à la distri-

bution des pétitions présentées , pendant la session , à l'une ou l'autre des Chambres, et qui ne seraient pas mises en vente ; que les imprimeurs resteront soumis, à cet égard, aux autres dispositions de la présente loi et des lois antérieures qui peuvent leur être applicables ?

OBSERVATION SUR LA REMIÈRE QUESTION.

L'article 2 porte : *Les dispositions de l'article* 1er *(le dépôt préalable) ne s'appliquent point . . . . aux écrits sur les projets de loi présentés aux Chambres, lorsque ces écrits seront publiés dans l'intervalle qui s'écoule entre la présentation de ces projets et la délibération définitive des Chambres ; . . . . .*

Aux écrits qui ne sont relatifs qu'à des inrêts privés, et qui ne sont pas destinés à être mis en vente.

Ces dispositions font partie des amendements proposés par la commission de la Chambre des députés ; elles ont été adoptées après une vive résistance de la part de LL. Exc. M. le président du conseil et M. le ministre de l'intérieur.

J'avais demandé une exception nominativement en faveur des pétitions ; je conviens que les dispositions que je viens de rapporter comprennent la majeure partie des sujets qui peuvent former la matière des pétitions; mais elles ne les comprennent pas tous, car il y a des pétitions qui ne traitent, ni d'un projet de loi en délibération, ni d'intérêts privés, mais d'intérêts généraux, prévus par des lois existantes ou qui seraient à prévoir dans des lois qui n'existent pas, et qui ne sont pas proposées aux Chambres. Cette troisième catégorie ne se trouve point dans l'article 2. — Je crois qu'il serait utile de la dispenser du dépôt préalable aussi bien que les deux autres, et par les mêmes motifs (1); c'est pourquoi je réitère ma demande, en me référant à ce que j'ai dit, à cet égard, page 29 de ma brochure, et page 4 du Premier Supplément.

---

(1) Par exemple, si l'on veut signaler à la Chambre des députés des fraudes ou infractions quelconques que l'on prétendrait avoir été commises en matière d'élection ; les faits articulés peuvent être assez graves pour que l'on doive désirer qu'ils soient connus de la Chambre et de chacun de ses membres avant la vérification des pouvoirs : ce serait là certainement un cas d'urgence; c'est à ce titre que les exceptions de l'article 2 ont été admises.

OBSERVATIONS SUR LA DEUXIÈME QUESTION.

La seconde question est encore plus importante; elle fait le sujet principal de ma brochure et du Premier Supplément; mais la discussion à la Chambre des députés, et la présentation à la Chambre des Pairs, qui ont eu lieu depuis la distribution de ces écrits, nécessitent quelques nouvelles observations.

———

Le 1ᵉʳ paragraphe de l'article 23, voté dans la séance du 10 mars, porte ce qui suit : *L'imprimeur de tout écrit non périodique publié et condamné sera responsable civilement des amendes, des dommages intérêts et des frais portés par les jugements de condamnation.*

On n'y retrouve plus les mots de *plein droit* et *dans tous les cas* qui étaient dans le projet originaire, mais ils y sont évidemment sous-entendus. La suppression de ces mots, demandée et obtenue par la commission, aurait pu avoir quelque intérêt, si l'amendement proposé par cette commission sur ce même article 23, (le 22ᵉ du projet) avait été adopté. Cette suppression était une conséquence nécessaire de cet amendement; mais il a été rejeté, et le retranchement des mots dont il s'agit est devenu insignifiant : d'où il suit que pour les écrits de vingt feuilles et au-dessous, la rédaction primitive de l'article 22 du projet du gouvernement, conserve tout sans effet; d'où il suit encore que les observations que j'ai faites dans ma brochure, pages 15 à 19, subsistent.

Le 2ᵉ paragraphe du même article est conçu en ces termes : *Néanmoins, et suivant les circonstances, le tribunal pourra le décharger de cette responsabilité, si l'écrit est composé de plus de vingt feuilles.*

Appuyé sur ce texte, Monseigneur le garde-des-sceaux a dit avec beaucoup de justesse, dans le discours de présentation à la Chambre des Pairs, que *la responsabilité sera absolue, si l'écrit est au-dessous de vingt feuilles.* La pétition, dont l'étendue ne comporte ordinairement qu'un petit nombre de feuilles, est particulièrement frappée par cette rigoureuse et incompréhensible disposition, contre laquelle l'honorable M. Pardessus a vainement opposé les exemples les plus concluants, en défendant (séance du 10 mars) l'amendement de la commission; amendement, au surplus, qui avait aussi son danger pour les pétitions, ainsi que je l'ai expliqué, pages 29 et 30 de ma brochure et dans le Premier Supplément.

L'article additionnel que je croyais juste et utile de demander, dans la supposition où l'amendement de la commission serait adopté, me paraît donc aujourd'hui bien plus nécessaire.

Il faut, à ce sujet, remarquer d'abord que l'article 23 contient une mesure positivement *préventive*. Cette remarque doit précéder toutes les autres, parce qu'il a été déclaré par les organes du Gouvernement, soit à la Chambre des députés, soit dans le discours de présentation à la Chambre-Haute, que la prévention était contraire à l'article 8 de la Charte; qu'une pareille mesure devait être repoussée; que le Gouvernement n'en voulait pas : d'où on peut conclure qu'il y a lieu d'espérer, qu'en demandant en faveur du seul droit de pétition une exception à une mesure exceptionnelle à la Charte, on sera écouté avec quelque intérêt.

Je viens de dire que l'article 23 était *préventif*; en effet, il a pour objet, de l'aveu même de S. Exc. M. le comte de Corbière (séance du 10 mars), de détourner l'imprimeur *de concourir par trop de légèreté à la publication d'un ouvrage répréhensible*. Or, qu'on explique

(9)

comme on voudra ces avertissements bienveil-
lants, ces précautions officieuses, il faut les
appeler par leur nom : avertir en menaçant de
punir si on n'écoute pas l'avertissement; en
menaçant, non pas d'une punition légère, mais
d'amendes exorbitantes et de suppression du
brevet; en menaçant, non pas seulement de
cette punition légale que doit entraîner toute
action dommageable commise *intentionnelle-
ment,* mais d'une punition certaine, inévitable,
absolue, de plein droit, sans que le juge puisse
examiner s'il y a eu ou non intention, sans
que l'imprimeur puisse concevoir la possibi-
lité de donner la moindre explication, c'est
incontestablement jeter l'effroi dans l'esprit
de cet imprimeur, et par conséquent apporter la plus forte de toutes les entraves à
l'impression de l'ouvrage objet de l'avertissement; c'est suspendre, c'est arrêter, c'est empêcher l'impression, c'est *prévenir* enfin de la
manière la plus puissante le mal que pourrait
causer l'écrit. Appeler cela *réprimer,* ne serait-
ce pas vouloir donner aux mots un sens dif-
férent de leur véritable acception? ne serait-ce
pas nier l'évidence même?

En posant cette question préjudicielle, j'ai
voulu prouver que l'article 23 proposé était

illégal, parce qu'il est contraire à notre droit
public, à notre droit *écrit*. Je sais la diffé-
rence que l'on peut faire entre la justice selon
la loi et la justice selon l'équité, et qu'à l'aide
de cette distinction on pourrait chercher à lé-
gitimer ce qu'on appellerait des améliorations
à notre Charte constitutionnelle. Ce n'est
point ici le lieu de disserter sur le danger des
innovations en si grave matière; je dirai seulement que si une dérogation quelconque à
la Charte est inquiétante, le mal sera plus
grand si la dérogation est contraire à l'équité,
et je crois que c'est là le caractère de l'article 23.

D'après cet article, l'imprimeur d'une brochure répréhensible sera condamné sans être
entendu; ou s'il présente de valables excuses,
le tribunal ne pourra les admettre : il y a là,
suivant moi, violence et vis-à-vis l'imprimeur
impliqué, et vis-à-vis le tribunal qui sera
obligé de le condamner sans le juger. Cette
double infraction à l'équité naturelle me paraît
frappante (1).

---

(1) L'art. 64 de la Charte veut que les *débats judiciaires*
soient publics. En supprimant tous *débats*, c'est un moyen
sûr d'éviter les inconvénients de la publicité; c'est plus

(11)

Toutefois, je ne prétends pas me prévaloir de cette dérogation à la Charte ni de son caractère injuste pour demander le rejet de l'article 23. Je raisonne dans la supposition où ce rejet n'aura pas lieu ; et je n'ai cherché à établir que cet article devait être repoussé, que pour en conclure qu'à plus forte raison il est juste d'y apporter au moins une exception en faveur d'une de nos libertés les plus précieuses.

Je ne pense pas que ma demande puisse être rejetée par une fin de non - recevoir, sous prétexte que la mesure doit être générale, qu'on ne peut admettre des distinctions, qu'il faut y assujettir tous les genres d'écrits ou supprimer l'article, c'est-à-dire qu'il faut *tout* ou *rien*. Il a, au contraire, été reconnu

---

rationnel encore que le *huis-clos*, où du moins on peut parler.

Ce article 64 avait déja reçu une rude atteinte dans la trop mémorable séance du 9 mars (Chambre des députés); il fut pris et repris comme dans une échauffourée, et voilà que, le lendemain, on y est revenu, mais avec plus de succès et sans y penser peut-être. La Charte vaut bien la peine, cependant, qu'on regarde à deux fois avant d'y toucher.

Qu'il me soit permis de dire que ces remarques viennent à l'appui de ce que j'ai écrit dans ma brochure, pages 1 et 2, et dans la note page 4 du Premier Supplément.

que le projet ne loi n'était lui-même qu'un composé d'exceptions à ce que l'on doit à juste titre appeler les *règles*; qu'ainsi il était de sa nature d'admettre des modifications; et il semble que toute proposition de ce genre doit être écoutée favorablement, alors qu'elle a l'avantage de rentrer dans la règle, dans le droit commun. C'est d'ailleurs ce qu'on a fait dans l'article 2, et même quelque peu dans l'article 23 dont il s'agit, malgré l'opposition des organes du Gouvernement, qui prétendaient que c'était ôter toute efficacité aux dispositions générales du projet. Je ne demande qu'une modification de plus. Dans des temps de révolution, lorsqu'un principe est voté, quelque injuste qu'il soit, et précisément plus il est injuste, plus on tient à toutes ses conséquences; c'est le beau idéal de l'oppression et de l'absolu. Mais ces temps de désolantes aberrations sont loin de nous.

LA VRAIE QUESTION EST DONC CELLE DE SAVOIR :

Si dans le système du projet de loi (car il faut bien arriver sur ce terrain et supposer dans ce projet une justice relative), si, dis-je, il est juste de maintenir dans le droit commun les pétitions imprimées?

Je ne me bornerai pas à répondre : Oui, cela est juste, car cela est raisonnable et utile, et c'est un droit acquis, reconnu et garanti par la Charte : ces raisons, dans le système du projet de loi, pourraient n'être pas déterminantes. Mais je dirai : Cela est juste, parce qu'il s'agit d'un *droit sacré;* parce qu'il s'agit d'une nature d'écrit toute exceptionnelle, d'un genre d'écrit que l'on ne pourrait abolir lors même qu'on détruirait tous les autres; d'un écrit *nécessaire*, de cette nécessité au-dessus des règles et des considérations ordinaires, de cette nécessité qui tient au droit naturel, au droit des gens, qui est un besoin impérieux pour tous les hommes. On peut, à la rigueur, se dispenser d'écrire sur des théories politiques; on ne peut se dispenser de réclamer justice. Beaucoup d'écrits peuvent supporter, sans trop d'inconvénients, des retards dans leur publication : il est des cas, au contraire, où le moindre retard peut être funeste au pétitionnaire; et la censure obligée de l'imprimeur doit occasioner des difficultés, et par conséquent entraîner des retards. Il est beaucoup d'écrits dans lesquels l'*auteur* peut, à la

demande de l'imprimeur, supprimer des faits
dont la gravité inquiéterait celui-ci : mais le
pétitionnaire, l'homme victime de l'erreur ou
de l'oppression, il ne peut supprimer aucuns
faits, quelque fâcheux qu'ils soient pour la
réputation des autorités dont il croit avoir à
se plaindre, il ne le peut lorsque ce sont ces
faits qui constituent sa plainte ; il les cite
malgré lui, comme forcé et contraint ; il est
enfin, dans toutes ces circonstances, sous le
joug inévitable de la nécessité ; plus le fait
dont il souffre est grave, plus il lui est indis-
pensable d'écrire, et moins il le pourrait si
on le soumettait à la censure absolue de l'imprimeur responsable de plein droit.

J'ajouterai que ma demande est d'autant
moins inconciliable avec le système du projet
de loi, que l'on trouve, soit dans le texte, soit
dans les motifs de ce projet, des dispositions
ou des moyens qui viennent à l'appui de cette
demande : en effet, 1° par l'art. 2, les écrits
sur les projets de loi et sur les intérêts privés
ont été exemptés du dépôt préalable, ils l'ont
été à titre d'urgence (voir mon 1.er Supplément),
et dans ces écrits se trouve comprise implicite-
ment la pétition. 2° Dans la séance du 10 mars,
son Excellence le ministre de l'Intérieur ; en

défendant l'article 23, a exposé *Que ce qu'il fallait le plus redouter, c'étaient ces auteurs pauvres, sans nom et sans talent, toujours prêts à composer des pamphlets dangereux; que l'imprimeur doit veiller à ce qu'il n'y ait rien dans l'ouvrage qui soit* DANS LE CAS D'ÊTRE CONDAMNÉ *par les tribunaux; qu'il faut mettre les imprimeurs en garde contre le danger de se voir obligés de suppléer à l'insuffisance des moyens pécuniaires de ces soi-disant hommes de lettres.* Et sur le même article, Monseigneur le garde-des-sceaux, dans le discours de présentation à la Chambre des Pairs (19 mars), a motivé son adoption sur le danger *de ces libelles impies ou diffamatoires, œuvre informe d'écrivains sans nom, dont la plume ignorée est toujours à vendre. Il n'y a pas de rigueur exagérée,* a ajouté le ministre, *à demander qu'un imprimeur* N'IMPRIME PAS *et ne livre pas au public l'ouvrage d'un écrivain inconnu,* AVANT D'AVOIR ACQUIS LA CERTITUDE *que cet ouvrage ne renferme rien qui puisse blesser les lois...*

On voit que dans tout ceci il n'y a rien qui puisse s'appliquer aux pétitions, et que l'article 23 ne doit pas les atteindre; car un pétitionnaire n'est pas nécessairement *un homme*

(16)

de lettres, *un écrivain*, un homme de talent; il
n'entend pas *composer un ouvrage*. Il peut
bien être pauvre et inconnu; mais si la pau-
vreté est inquiétante pour la société de la
part de ceux qui font de leur plume métier
et marchandise, elle doit être pour le pétitionnaire un titre à la protection toute spéciale de l'autorité. Le riche trouve facilement
le moyen de se défendre; et d'ailleurs, on n'ose
pas toujours s'attaquer à lui... Si l'écrivain
pauvre est suspect, le pétitionnaire pauvre
ne doit pas l'être. En un mot, la responsabilité prononcée par l'article 23 est applicable
à l'œuvre des écrivains qui font imprimer pour
tirer un produit de leurs ouvrages, et non à la
pétition qui ne se vendra point. C'est une sorte
de requête légale, qui n'est destinée qu'à être
distribuée à ses juges légitimes; si on la ven-
dait, elle ne profiterait pas de l'exception demandée, qui ne serait accordée qu'à cette con-
dition. On objectera que des perturbateurs
éluderont la loi, en donnant le titre de pétition à des pamphets dangereux qu'ils dis-
tribueront gratuitement, et que l'imprimeur
n'aurait osé imprimer s'il avait été responsable
civilement. L'on pourrait répondre que la pos-
sibilité de cet abus ne doit pas empêcher

l'usage d'un droit aussi sacré que celui de pétition; il est plus exact de dire que cette objection est sans importance ; car si le pamphlet était dangereux, l'imprimeur serait puni comme complice, et d'autant plus rigoureusement, qu'il aurait voulu éluder la loi; cette crainte l'arrêtera probablement.

Mais ce qui ne dépendra point de l'imprimeur d'une pétition, ce sera d'acquérir préalablement, comme le veut Monseigneur le garde-des-sceaux, *la certitude* que l'écrit ne renferme rien qui puisse blesser les lois (1): si le pétitionnaire se plaint d'un déni de justice, d'un attentat à sa liberté ou à ses propriétés, etc., il porte une accusation très-grave, une accusation qui aura blessé les lois si, n'étant pas justifiée par l'instruction que provoque la pétition, elle est déclarée criminelle. Comment veut-on que l'imprimeur sache d'avance si la plainte est bien ou mal fondée? Il faudra donc qu'il se fasse apporter les pièces du procès; comment le jugera-t-il?..... Et qu'on ne dise pas que c'est ici un cas d'exception; c'est au contraire un cas fréquent, qui se rencontre presque toujours en matière de pétitions, parce

____

(1) Voir Note page 27.

que la plainte est le caractère particulier de
ce genre d'écrit. Si donc l'imprimeur n'était
pas, à cet égard, affranchi de la responsabilité
de plein droit, comme il ne pourrait jamais
avoir la *certitude* que la plainte est fondée, il
exigerait la suppression de faits qui pourraient
le compromettre, c'est-à-dire la suppression
de la plainte, ou, ce qui est la même chose,
il ne l'imprimerait pas. On a vu plus haut
que ces dernières expressions avaient été
prononcées, le 19 mars, par Monseigneur le
garde-des-sceaux : il m'avait paru, un mois
avant, que cette conséquence était inévitable
(Voir ma brochure, pages 15 à 19, et 29 à
31, et le premier Supplément); l'aveu de Sa
Grandeur n'a fait que la fortifier, et c'est à
cet empêchement d'imprimer qu'il est juste
de remédier en modifiant l'article 23, article
à l'occasion duquel Monseigneur le garde-des-
sceaux remarquait, dans le discours de présentation à la Chambre des Pairs, que les dispositions qu'il contient *sont celles que les ad-
versaires de la loi ont le plus blâmées comme
rigoureuses pour les imprimeurs, offensantes
pour les écrivains, inconciliables avec la liberté
de la presse.*

Ce blâme, il faut en convenir, ne paraît

que trop facile à justifier; j'ai déja dit que
l'article 23 était contraire non-seulement à la
Charte, mais encore à toute équité, parce qu'il
atteint l'imprimeur sans permettre de le juger: que sera-ce s'il est prouvé que cet article,
qui ne parle que d'ouvrages légalement condamnés, n'aurait en réalité d'autre usage que
de gêner la publication d'ouvrages non condamnables aux yeux de la loi et dont le seul
tort serait de déplaire peut-être à quelques
dépositaires de l'autorité? c'est-à-dire d'autre
usage que d'empêcher ce qui est permis; que
d'entraver et de restreindre cette publicité légale que les organes du Gouvernement ont re-
connue, dans la discussion du projet de loi à
la Chambre des députés, appartenir à l'essence
du Gouvernement représentatif!....

Tel est cependant, suivant moi, le jugement que l'on doit porter sur cet article.

Voici sur quoi je fonde mon opinion :

Si, comme on le prétend, le seul but de l'article 23 est d'empêcher d'imprimer des ouvrages légalement répréhensibles, ou de punir
l'imprimeur qui n'aura pas refusé de les imprimer, cet article est inutile, attendu que la
législation antérieure, combinée avec l'accrois-
sement des amendes résultant du projet de

loi et avec le droit d'ôter le brevet, sont parfaitement suffisants pour atteindre ce but.
Que fait l'article 23? il menace de ruiner l'imprimeur; la même menace existe sans cet article. Qu'arriverait-il en vertu de l'article 23,
si cette menace n'avait pas été écoutée? Que
l'imprimeur serait condamné comme caution
civile; la somme à payer serait ou légère ou
considérable : dans le premier cas, il était
inutile d'avoir une caution; dans le second, il
aura fallu que l'ouvrage ait été jugé comme
très-coupable, et alors, l'imprimeur serait nécessairement condamné non-seulement en qualité de caution, mais en qualité de complice.
Or, il n'est besoin que d'un seul de ces deux
chefs de condamnation pour le ruiner; on ne
peut être ruiné deux fois en même temps. La
législation actuelle suffit donc pour atteindre
le but proposé; elle l'atteint mieux, elle a plus
de force, puisqu'elle menace aussi la liberté de
l'imprimeur; et elle aura plus d'efficacité, parce
qu'elle ressort du droit commun. Il importe
peu d'ailleurs, dans l'espèce, que l'imprimeur
paie des amendes et perde son brevet en qualité de complice plutôt qu'en qualité de caution; ce n'est certainement pas par intérêt
pour lui que ce dernier moyen a été imaginé.

Il faut donc reconnaître que, dans ces circonstances, l'article 23 sera tout-à-fait sans objet.

Qu'en restera-t-il?

Il n'en restera que cette partie vicieuse qu'il est humainement impossible aux législateurs les mieux intentionnés d'éviter dans tout réglement général de police ou d'ordre public; que cette partie qui gêne les bons à cause des méchants : c'est ainsi, par exemple, que la loi des passe-ports frappe sur tout le monde, dans la seule intention de veiller sur les hommes dangereux, etc.... Le législateur se justifie alors en disant : « Cette confusion du bien et » du mal est un malheur inévitable ». Cette même confusion se rencontre dans la mesure proposée par l'article 23, on ne peut le nier : elle serait inévitable, si la mesure était nécessaire; mais d'autres dispositions plus efficaces même que cette mesure, la rendant heureusement superflue, il faut la supprimer : sinon, inutile qu'elle serait pour empêcher les écrits répréhensibles, elle ne conserverait que son second effet, son effet indirect et involontaire (j'aime à le croire), celui d'empêcher, par la crainte d'un procès, la publication d'écrits non condamnables, mais qui, par leur caractère de critique, de plainte ou d'opposition, inquiéteraient l'imprimeur hors d'état de prévoir avec certitude le jugement qui serait porté sur ces écrits s'ils étaient déférés aux tribunaux.

Je viens d'essayer de dégager ce qu'un noble pair a appelé l'*inconnu*; je ne sais si j'y suis parvenu.

Quoi qu'il en soit, il me paraît résulter de ces considérations générales sur l'article 23, de nouveaux motifs pour excepter au moins les pétitions de son application.

Passy, le 31 mars 1827.

POST-SCRIPTUM.

On a vu, au commencement de cet écrit, que l'art. 23 contenait, à l'égard des imprimeurs d'ouvrages condamnés, deux dispositions bien distinctes, en apparence du moins : 1° relativement aux écrits de vingt feuilles et au-dessous, l'imprimeur serait responsable de plein droit; le tribunal ne pourrait, dans aucun cas, le décharger de cette responsabilité. 2° Quant aux écrits d'un volume supérieur, la loi considérerait aussi l'imprimeur comme responsable de plein droit; mais il lui serait permis de présenter des excuses, que le tribunal pourrait apprécier.

C'était en ce sens que l'amendement de la commission de la Chambre des députés avait été rédigé;

mais au lieu d'être restreint aux ouvrages de plus de vingt feuilles, il s'appliquait à tous les écrits, quelle que fût leur étendue. C'est sur la proposition de M. de Burosse que la restriction a été admise ; les orateurs du Gouvernement s'opposaient d'ailleurs et à l'amendement de la commission, et même au sous-amendement de M. de Burosse ; ils voulaient la responsabilité de plein droit, et sans excuse, quel que fût le nombre de pages dont se compose-rait l'imprimé.

Il est évident que la proposition de M. de Burosse a modifié celle du Gouvernement ; mais il faut convenir aussi qu'elle signale plus particulièrement que ne le faisait celle-ci, les petits écrits ; sous ce rapport, on peut craindre que cette mesure spéciale ne soit plus efficace que ne l'aurait été une règle générale sans limites. La restriction éveillera, fixera d'une manière plus particulière l'attention de l'im-primeur sur les brochures politiques ; ses craintes, en se concentrant dans une limite marquée, n'en auront que plus de force : il se décidera moins fa-cilement à les surmonter, et il sera naturellement porté à prendre le parti conseillé dans ce cas par Mgr le garde-des-sceaux : « *Il n'imprimera pas les* « *petits écrits.* » Tel était le but principal, sans doute, des auteurs du projet de loi ; il est parfaitement bien atteint par le sous-amendement de M. de Bu-rosse ; mais aussi il me semble qu'il n'en rend que plus nécessaire l'exception que je demande en fa-veur des pétitions.

Il est encore une remarque à faire sur l'art. 23 : c'est que ses deux dispositions qui prononcent contre l'imprimeur une responsabilité de plein droit, l'une sans excuse, l'autre sauf excuse, n'exceptent aucun écrit de son application. On a peine à concevoir comment la Chambre des députés, ayant admis par l'article 2 onze exceptions à la règle du dépôt préalable posée dans l'article 1er, règle tout-à-fait analogue à celle de l'article 23, n'a pas admis les mêmes exceptions sur ce dernier article. Qu'on relise la discussion de cette Chambre sur l'article 2, et l'on verra que les motifs d'urgence, de liberté, de publicité, etc., qui ont déterminé l'adoption de cet article, sont tout-à-fait applicables à l'article 23, et devraient entraîner à son égard les mêmes exceptions, sans quoi celles de l'article 2 deviennent inutiles et sans objet. (Voir mon premier Supplément.)

Ce qu'il y a de singulier, c'est que ces exceptions (sauf celle des pétitions réclamée par l'honorable M. Petou, dont les efforts n'ont point été soutenus) n'ont pas même été proposées ; il faut croire qu'arrivée au terme d'une discussion pénible, la Chambre des députés aura perdu de vue ce point de détail qui me paraît cependant digne d'attention.

Les réflexions que contient ce post-scriptum sur la discussion et quelques conséquences de l'art. 23, ne sont pas étrangères à mon travail spécial sur les

(25)

pétitions. Je ne les ai placées hors de mon Mé-
moire, que parce qu'elles étaient subsidiaires , et
qu'elles en auraient embarrassé la marche déja peut-
être trop confuse. Il m'importait surtout de repar-
ler de l'amendement de la commission de la Chambre
des députés sur l'article 2 3 (le 22e du projet), qui
consistait à admettre les excuses de l'imprimeur
pour les petits écrits comme pour les ouvrages étendus ; parce que prévoyant le cas où cet amendement serait reproduit à la Chambre des pairs , je
désirais faire apercevoir qu'alors il n'en serait pas
moins nécessaire, ainsi que je l'explique pages 29,
30 et 31 de ma brochure, de maintenir les pétitions
imprimées dans le droit commun, c'est-à-dire sous
l'empire de la législation actuelle, attendu que cette
législation ne déclare l'imprimeur responsable que
par exception et lorsqu'il a agi sciemment ; tandis
que l'amendement de la commission admettait la
responsabilité comme principe , et que pour s'en
faire décharger, l'imprimeur devrait courir les chan-
ces d'un procès, ce qui l'inquiéterait presque autant
que la responsabilité de plein droit, et le porterait,
de même que dans ce dernier cas, à refuser d'imprimer la plupart des pétitions qui auraient un caractère de plainte contre un agent de l'autorité.
L'imprimeur aurait raison d'en agir ainsi, car le
petit bénéfice que lui présenterait l'impression de
la pétition ne pourrait balancer à ses yeux les tra-
casseries et les dangers auxquels l'exposerait la pos-
sibilité d'un procès·

Le rapport de M. Bonnet (séance du 7 fé-
vrier) fait mention que la minorité de la Commission « admettait la règle générale de la
« non-responsabilité de l'imprimeur, et voulait
« renvoyer à l'arbitrage des juges l'appréciation
« des cas *exceptionnels* de responsabilité » ce
qui était, comme on voit, entièrement opposé
à l'opinion de la majorité.

Les détails étendus dans lesquels l'honorable Rapporteur est entré sur cet avis de la minorité, conforme à peu de chose près à ce
que je demande, indiquent assez l'importance
qu'il a cru qu'on pouvait y attacher ; cette remarque n'aura pas échappé à l'attention des
Nobles Pairs, qui ont lu le rapport de la
commission de la seconde chambre.

NOTE.

Sur la *certitude* que l'imprimeur doit, suivant Mgr. le garde-des-
sceaux, acquérir préalablement que l'écrit ne renferme rien de
contraire aux lois, etc., page 17.

Pour se faire une juste idée de l'impossibilité où seraient les imprimeurs, dans une in-
finité de circonstances, d'apercevoir à la simple
lecture du manuscrit, si une pétition est légalement condamnable, il suffira de réfléchir
à la diversité des causes de culpabilité en matière d'abus de la presse, appliquées à la diversité des motifs permis de plaintes contre
les fonctionnaires publics de tous les degrés,
et aux formes si variées de langage sous les-
quelles chacun de ces motifs peut être pré-
senté.

L'article 18 du projet rappelle que les causes
principales qui peuvent donner lieu à une
inculpation, sont : *la provocation, l'outrage,
l'offense, l'attaque et la diffamation*, dirigées
contre la religion, le trône, la constitution ou
les lois de l'État, les deux chambres, les corps
constitués, tous agents de l'autorité publique,
les particuliers, etc.

Chacun de ces chefs d'accusation comporte
des définitions plus ou moins nombreuses, qui
elles-mêmes sont susceptibles d'interprétations

plus ou moins saisissables , ainsi que le prou-
vent divers procès intentés, depuis la restau-
ration', par le ministère public, à l'occasion de
matières qui pourraient aussi trouver leur place
dans certains sujets de pétition; n'est-il pa,
arrivé que le tribunal décidait dans un sen
opposé aux doctrines du ministère public, ou
que les cours jugeaient autrement que les tribunaux? Ne sait-on pas que telle opinion était
condamnée sous tel ministère et permise sous
tel autre.

Comment veut-on que l'imprimeur puisse
porter à lui seul un jugement en connaissance
de cause, avec des opinions aussi divergeantes,
aussi variables!... et si cela ne lui est pas pos-
sible, pourquoi le rendre responsable de plein
droit?....

Quelques personnes répondront peut-être
qu'il doit être facile à un honnête homme de
voir si une pétition contient, par exemple, une
diffamation, je crois moi, que cela est sou-
vent fort difficile; c'est pourquoi je demande
que l'imprimeur reste dans le droit commun,
parce que si la diffamation étant évidente, il
n'a pas refusé d'imprimer, il sera puni comme
complice, tandis que si un doute était admis-
sible, l'auteur seul sera atteint. Voilà ce qui

est juste et raisonnable , voilà le seul moyen convenable de concilier l'intérêt public avec la liberté d'écrire, c'est ce que la législation actuelle a fait, on ne peut rien de plus si ce n'est la censure directe. Avec l'article 23, toutes les fois que l'imprimeur aurait un doute, il devrait s'abstenir d'imprimer, et dans les matières dont je parle, le doute se présenterait si fréquemment à son esprit, qu'autant vaudrait défendre nettement d'imprimer.

Mais voyons s'il est vrai que la *diffamation* puisse être difficile à apercevoir sur la simple lecture du manuscrit.

Qu'est-ce que la diffamation?

L'article 13 de la loi du 17 mai 1819 dit :
« que c'est l'allégation ou imputation d'un fait
« qui porte atteinte à l'honneur ou à la consi-
« dération. »

Mais il n'y a diffamation que lorsque le fait imputé est faux, ou lorsque, étant vrai, celui qui l'allègue n'y est pas nécessairement obligé pour motiver sa plainte; or il existe des lois qui permettent à un particulier de se plaindre de faits qui peuvent porter atteinte à l'honneur *d'agents de l'autorité publique,* relativement à l'exercice de leurs fonctions : les cas en sont très-multipliés (Voir par exem-

(3o)

ple au Code pénal le livre III, titre Ier, chapitre II, articles 114 et suivants; et chapitre III,
article 145, et articles 166 et suiv.....).

Dans la plupart de ces cas la forme de pétition peut ou doit être employée : s'il est
reconnu qu'elle est fondée, il n'y a pas diffamation; mais cela ne peut être apprécié que
par l'autorité compétente et non par l'imprimeur, qui, dans l'impossibilité où il sera de
vérifier préalablement les faits, n'y verra presque toujours qu'une apparence de diffamation.
Je ne puis trop le redire, si on le rend responsable de plein droit, le doute et la peur
l'empêcheront d'imprimer la plupart des pétitions de cette nature; une iujustice criante
sera commise vis-à-vis des pétitionnaires. Ce
serait abolir le droit de pétition, et proclamer
par une loi l'impunité de tous les agents de
l'autorité publique; ce serait abroger le code
pénal et la charte, ce serait véritablement
pousser les choses bien loin!

Ici se présente une dernière objection; on
dira : rien n'empêche d'adresser aux chambres
une pétition manuscrite. La réponse à cette
objection forme l'un des sujets principaux de
la brochure dont cet écrit n'est que le second
supplément; je suis donc obligé d'y ren-

voyer (1). Je crois y avoir démontré (pages 7
à 10, et 33 à 36) que toutes les fois que le
sujet de la pétition comporte de longs déve-
loppements, elle ne peut être bien connue
qu'autant qu'elle est étudiée attentivement
par chaque membre de la chambre à laquelle
elle est adressée; il faut donc la leur distri-
buer, et pour cela il faut bien la faire imprimer; de semblables pétitions ayant quelque-
fois une grande importance ou dans l'intérêt
privé du pétitionnaire, ou dans l'intérêt public,
elles ont plus particulièrement besoin d'être
protégées.

---

(1) J'en ai déposé plusieurs exemplaires à la biblio-
thèque de la Chambre Haute.